AF586399

LA COUR D'ESPAGNE

A

SAINT-SÉBASTIEN

PAR

Emmanuel DELORME

Archiviste de la Chambre de Commerce de Toulouse,
Membre de la Société archéologique du Midi de la France
Correspondant des Académies de Grenoble, de Cadix
et de la Société des Antiquaires d'Ecosse,
Officier d'Académie.

TOULOUSE
IMPRIMERIE F. TARDIEU
6, RUE DES GESTES, 6
—
1889

LA COUR D'ESPAGNE

A SAINT-SÉBASTIEN

Le 20 septembre 1888, par une belle après-midi, je quittai Bayonne pour aller passer quelques heures de l'autre côté des Pyrénées, désireux de voir de près la cour du roi d'Espagne, alors à Saint-Sébastien.

Après un arrêt de quelques minutes à Hendaye, dernière ville française, je traversai le pont de pierre qui sépare les deux pays pour arriver presque aussitôt à Irun, première ville espagnole.

De ce pont qui appartient par moitié à la France et à l'Espagne, l'on jouit d'un magnifique coup d'œil. L'Océan apparaît à droite, absorbant la Bidassoa que l'on domine; dans le lointain, la ville de Fontarabie semble se perdre au milieu des eaux.

Sur la place de la Constitution s'élève l'hôtel de ville d'Irun, lourd bâtiment du XVIIe siècle. La cathédrale (*Nuestra Senora del Juncal*) présente le type de l'architecture du Guipuscoa pendant la Renaissance. En arrivant devant ce monument, qui était pour moi une vieille connaissance, j'eus le regret de constater la disparition de deux tombeaux en pierre qui se trouvaient, il y a deux ans, de chaque côté du grand escalier qui mène à l'église. Ces tombeaux fort mutilés, il est vrai, avaient encore très bon air malgré leur dégradation; on voyait sur chacun d'eux, trois personnages à grandes collerettes, debout sculptés dans la pierre. Que sont devenus ces monuments qu'il eût été intéressant de conserver ? Des moellons à bâtir sans doute !

Pour gagner Béhobie, ville toute voisine, il faut suivre la route qui côtoie la Bidassoa. Le paysage est charmant en cet endroit ; à gauche la rivière sur les rives de laquelle se promènent, le fusil chargé, des douaniers des deux nations; à droite, de hautes montagnes verdoyantes. Sur le sommet de l'une d'elles, au premier plan, se dresse le fort de *Saint-Martial*. Pendant la dernière guerre civile, il était au pouvoir des carlistes qui, de là, faisaient pleuvoir sans relâche sur Irun et sur Béhobie quantité de projectiles. Ils allumèrent ainsi de nombreux incendies dans ces deux petites villes, sans pouvoir toutefois forcer la première à se rendre ni sans pouvoir se maintenir dans la seconde dont ils s'étaient un instant emparés.

La route est très fréquentée, particulièrement les jours de marché. De nombreux habitants des montagnes ou des villages voisins y poussent devant eux des troupeaux de moutons ou de bœufs. On y rencontre encore de ces chars rustiques aux roues pleines qui tournent avec l'essieu en faisant retentir l'air, fort loin à la ronde, d'une sorte de gémissement grinçant qui horripilait Théophile Gautier. L'usage de ces véhicules primitifs doit très certainement remonter au temps des premiers celtibères. Les roues, en tout cas, semblent n'en avoir jamais été graissées depuis. Nous n'en recommanderons pas l'emploi au train militaire, pour les marches de nuit des guerres futures.

Avant d'arriver à Béhobie, on aperçoit, au milieu de la Bidassoa, une petite pointe de terre, terre historique, c'est l'*Ile des Faisans*. Là, sur cet îlot tout petit, propriété indivise entre les deux nations, Mazarin et Louis de Haro négocièrent, le 7 novembre 1659, au nom de leurs souverains, le traité des Pyrénées et, le 4 juin de l'année suivante, Anne d'Autriche et Philippe IV se rencontrèrent.

L'histoire raconte que le frère et la sœur ne s'étaient point vus depuis quarante-cinq ans et que, dans un premier élan, Anne d'Autriche voulut embrasser Philippe IV. Observateur impitoyable de l'étiquette, le *Roi d'Espagne* rejeta la tête en arrière.

La veille, dans une église de Fontarabie, Don Luis de Haro avait épousé par procuration, au nom de Louis XIV, l'infante Marie-Thérèse, fille de Philippe IV.

La toute nouvelle reine accompagnait son père à l'Ile des Faisans. Louis XIV, son jeune mari, était aussi présent, mais incognito, mêlé aux courtisans.

Turenne assistait à l'entrevue : « Voilà un homme, dit le roi d'Espagne en le voyant, qui m'a fait passer de mauvaises nuits. » Puissions-nous avoir toujours des Turenne, pour empêcher certains de nos voisins de dormir !

Traversant le pont qui relie Béhobie (Espagne) à la petite ville française qui porte le même nom, j'abordai dans l'île du côté de la France, la marée basse laissant à sec, en cet endroit, d'énormes pierres qui me permirent d'y arriver sans le secours d'un batelier. Le tour en fut vite fait.

Au milieu s'élève un monument, de construction récente, affectant la forme d'un grand cippe, entouré d'une grille. Quelques arbustes poussent alentour, couvrant de leur ombrage des massifs de fleurs ; sur la pierre a été gravée l'inscription suivante :

EN MÉMOIRE
DES CONFÉRENCES DE MDCLIX
DANS LESQUELLES
LOUIS XIV ET PHILIPPE IV
PAR UNE HEUREUSE ALLIANCE
MIRENT FIN
A UNE LONGUE GUERRE
ENTRE LES DEUX NATIONS.
NAPOLÉON III, EMPEREUR DES FRANÇAIS
ET
ISABELLE II, REINE DES ESPAGNES
ONT RÉTABLI CETTE ILE
L'AN MDCCCLXI

Du côté opposé, regardant l'Espagne, la même inscription en langue espagnole, avec la seule variante que le nom d'Isabelle II précède celui de Napoléon III; sur les deux autres faces, en grosses capitales, la date :

MDCCCLXI

Plusieurs monuments numismatiques, à l'effigie du roi Louis XIV et à celle de Mazarin, furent frappés en France en souvenir du traité mémorable conclu en cet endroit.

Il serait trop long de les énumérer tous, qu'on me permette cependant d'en décrire ici deux.

Le premier est une médaille de $0{,}041^{m}$ de diamètre, gravée par L. Mauger.

Au droit, le buste nu de Louis XIV, à droite ; en légende :

LUDOVICUS XIIII - REX - CHRISTIANISS.

Au revers, vue de l'Ile des Faisans reliée au continent par un pont de bateaux.

Au milieu de l'île s'élève un monument en forme de temple à six colonnes où eurent lieu les conférences entre les deux ministres.

Dans le fond, un paysage montagneux représentant le côté de l'Espagne. En légende :

PACIS ADYTUM

Et en exergue :

COLLOQUIUM
AD BIDASSOAM
M.DC.LVIIII.

L'année suivante, quelques autres médailles et de nombreux jetons furent frappés en souvenir du mariage du roi. L'un de ces jetons figure dans notre médaillier. Il porte : Au droit, les bustes affrontés de Louis XIV et de Marie-Thérèse.

En légende :

LUD.XIIII.ET.MAR.THER.D.G.FR.ET.NAV.REX.ET.REG.

Revers : Au centre, le plan géométral de l'Ile des Faisans, reliée à la bordure intérieure de la pièce par deux ponts de bateaux.

D'après ce plan, il est permis de croire que la superficie de l'Ile était, au XVIIe siècle, plus étendue qu'aujourd'hui, car on voit sur le jeton le tracé des bâtiments qui furent élevés à l'occasion de l'entrevue de 1660 et dont il ne subsiste pas un vestige. L'Ile, en effet, s'effrite peu à peu. Tous les jours, le courant de la Bidassoa en entraîne quelques morceaux vers l'Océan.

A l'extrémité la plus resserrée de l'Ile, on voit sur le jeton un carré marquant l'emplacement du monument provisoire où Louis XIV et Marie-Thérèse se virent pour la première fois. Ce monument dut être, pour cette circonstance solennelle, décoré avec beaucoup d'art, car sa préparation en fut confiée par Philippe IV au célèbre peintre Velasquez, en sa qualité de maréchal des logis du roi.

En légende :

ÆTERNO.FŒDERE.IVNGAM.

Le lendemain matin, 21 septembre, j'arrivai à Saint-Sébastien par un temps malheureusement très couvert.

Tout le monde, ou à peu près, connaît cette charmante petite ville qui s'embellit de jour en jour. Que de changements j'ai vu s'opérer dans Saint-Sébastien en vingt ans. Un côté de la ville a conservé son caractère national, avec sa place de la constitution aux fenêtres numérotées (souvenir des courses de taureaux d'autrefois), et ses rues étroites, tirées au cordeau, formées de maisons peintes en jaune avec fenêtres à balcon.

Sous la conduite d'un vieil ami, M. Ramon Ohaco, je me dirigeai vers l'extrémité gauche de la plage où la Régente *Dona Cristina* avait coutume de se rendre tous les matins à 11 heures pour se baigner. Une simple corde tendue sur des piquets marque l'emplacement réservé à la famille royale.

Devant nous, à quelques pas, se trouve le chalet

royal, maison roulante en bois, posée sur quatre rails et que, à marée basse, des bœufs traînent vers la mer.

Sur cette habitation, de fort modeste apparence, sommée cependant d'une couronne royale en bois doré, flotte un pavillon violet en soie aux armes du royaume.

A gauche se trouve la chambre de la reine où tous les jours elle revêt son costume de bain. Les fenêtres des deux autres pièces qui composent tout le chalet étant ouvertes, nos regards peuvent plonger dans l'intérieur. Dans celle du milieu, l'on voit au centre une table sur laquelle sont posés un encrier et, comme on dit au théâtre, tout ce qu'il faut pour écrire. Enfin de quoi contresigner des arrêts ou des grâces ! puis quelques menus objets sans valeur. Des chaises cannées, deux ou trois meubles très simples et qui, du reste, ne sont que loués pour la saison, forment tout l'ameublement. A droite, s'ouvre un petit salon coquettement décoré !

Bientôt apparaît dans la pièce du milieu un enfant de deux ans et quelques mois, fort bel enfant, d'ailleurs, pour son âge ; c'est le roi Alphonse XIII : il est suivi de sa nourrice, d'une dame d'honneur et accompagné de ses deux sœurs les infantes, plus âgées que lui de quelques années et avec lesquelles il prend ses ébats.

La nourrice, une belle paysanne de Santander, prend le roi, l'assoit devant la table et lui donne quelques objets pour le faire jouer ; mais, bientôt fatigué d'être assis, il jette à terre ce qu'il tient et va courir avec ses sœurs sur la galerie qui fait, extérieurement, le tour du chalet. La dame d'honneur s'empare plusieurs fois de S. M. pour réparer le désordre de sa coiffure, ramenant en avant les rares cheveux blonds du Roi qui paraît s'en soucier fort peu; il semble néanmoins se résigner, et pendant une de ces opérations, il tourne ses regards de notre côté et nous sourit.

Quelques instants après, S. M. le Roi de toutes les Espagnes était gravement occupé à ébranler un fragment de son empire. Armé d'une petite pelle de bois, Alphonse XIII creusait un monticule de sable placé tout exprès sur la galerie faisant face à la mer et en remplissait un petit seau. Age heureux encore qui ne permet pas à cet enfant de sentir le poids de la lourde couronne dont le simulacre domine le chalet et qui jadis lassa le front de Charles-Quint!

Pour rappeler la dignité royale que ce tableau familial ferait oublier, quelques miquelets en tunique bleue à pélerine, pantalon rouge et béret de même couleur devisent et fument avec un laquais en livrée, assis sur le parapet, en haut de la rampe près de laquelle nous nous trouvons.

En bas, sur le sable, un groupe de baigneurs de profession, en costume de mer, se tient constamment aux ordres de la reine. Derrière le chalet royal, tout à côté, quelques marins de l'Etat; au loin, dans la baie, on aperçoit un grand vapeur au mouillage.

Au bout d'un moment, un certain mouvement se produit; les miquelets se lèvent, se rangent, portent la main à leur béret; les baigneurs s'alignent au bas de la rampe en faisant également le salut militaire devant une jeune femme qui arrive; mais ce n'est pas la Régente, c'est une tante d'Alphonse XIII, l'infante Eulalie. Elle s'avance, en robe de soie gris perle, l'ombrelle ouverte à la main, accompagnée d'une dame âgée vêtue de noir. Toutes deux descendent vers le chalet. Aussitôt un officier de marine sort de l'habitation royale et s'avance vers Dona Eulalie.

Il est en petite tenue avec une seule décoration, la médaille de fer, donnée en 1874 par Alphonse XII, aux défenseurs et à l'armée libératrice de la ville de Bilbao, assiégée par les carlistes. Il baise la main de l'infante et l'accompagne vers le Roi, qui, dès qu'il aperçoit sa tante, s'élance dans ses bras et l'embrasse. La dame âgée se borne à prendre la main du roitelet et la porte respectueusement à ses lèvres.

La nourrice, fière de sa noble mission et ayant conscience de son importance, y met moins de cérémonie. A plusieurs reprises, nous la vîmes prendre le roi dans ses bras et l'embrasser avec effusion.

A peine arrivée, l'infante Eulalie sort du pavillon roulant, les baigneurs se rangent de nouveau la main au béret, le petit Roi, tête nue, accompagne sa tante, marchant seul jusqu'au bas de la rampe. Les miquelets saluent encore, l'infante passe et se dirige à pied vers la ville, en longeant la promenade. Il n'y avait plus à compter sur l'arrivée de la Régente.

Pour rentrer chez nous, nous dûmes suivre la même direction que Dona Eulalie. Sur son passage, des messieurs se détachent vivement des terrasses des hôtels et viennent la saluer. A quelques-uns, elle donne sa main gantée à baiser, à d'autres plus privilégiés, elle accorde, à la française, une poignée de main; au nombre de ces derniers se trouve un monsieur d'une haute taille, en redingote noire, aux allures militaires, le général Loma, me dit-on. Parvenue à peu près à moitié de la promenade, l'infante, effrayée, sans doute, par quelques gouttes de pluies, se retourne brusquement pour revenir sur ses pas et regagner sa voiture; nous trouvant face à face, nous nous rangeons et la saluons respectueusement, ce qui nous vaut, avec une inclination de tête, un gracieux sourire.

Malgré l'inclémence persistante du temps, je ne voulus pas quitter Saint-Sébastien sans faire l'ascension du *Mont Orgullo*, ma promenade favorite. Cette. montagne domine la ville et la protège. D'énormes pièces de canons y sont étagées pour défendre l'entrée de la baie.

Passant d'abord sous une porte basse où un artilleur monte la garde, bientôt on laisse le port au-dessous de soi comme bercé dans cette ascension par le mouvement des navires qu'on voit se balancer à vos pieds sur leurs ancres. Dans la baie, le vapeur que nous avions vu le matin est toujours au mouillage se tenant prêt à prendre la mer au premier désir de la Régente. Nous voici bientôt dans la première batterie où sept grosses pièces de siège reposent sur d'énormes affûts de fonte. De là, quel magnifique panorama! L'Ile Santa-Clara d'abord, comme une sentinelle avancée qui barre l'entrée de la baie et, dans le lointain, le mont Igueldo. Montons encore. Près de la seconde batterie est établi le poste de garde ; levant la tête, je vois tout au-dessus la citadelle et sa poudrière.

En contournant la montagne, le sentier se rétrécit, la végétation devient plus sauvage et l'Océan apparaît à perte de vue, piqué çà et là de quelques voiles. Une traînée de fumée révèle parfois le passage lointain d'un transatlantique. Spectacle magnifique qu'on ne peut se lasser d'admirer.

Marchons toujours. Sur le versant qui fait face à l'Océan, une plaque de marbre noir, scellée au rocher, attire l'attention.

D'après l'inscription espagnole, elle marque le lieu où un homme s'est tué accidentellement. Sa femme et ses enfants ont tenu à perpétuer là ce triste souvenir.

Un peu plus loin, sur les flancs de la montagne, une vingtaine de plaques recouvrent des tombes creusées dans le roc ; elles portent toutes des inscriptions en anglais. Ce sont les tombeaux d'officiers britanniques, pour la plupart tués en 1836, en défendant la ville contre les carlistes.

Ici, c'est un colonel d'higlanders, pleuré par sa femme ; là, un commandant de la garde royale, moissonné à la fleur de l'âge ; près de lui repose un officier supérieur de cavalerie anglaise, décoré de plusieurs ordres espagnols, dont la mort a laissé une famille dans la désolation. Traces de larmes, sincères sans nul doute, mais séchées depuis bien des années, car ceux qui les versèrent en ont peut-être arrachées à d'autres à leur tour, et ainsi va le monde, de tristesse en tristesse ! Il eût été long de relever toutes ces inscriptions ; mais, en eussé-je eu la patience que le sergent d'artillerie de garde ne m'en eût pas laissé le loisir. Dès qu'il m'aperçut un crayon à la main, il vint me prier assez brusquement de circuler. Il n'y avait qu'à imiter le grenadier de Scribe : «*obéir* et se *taire*, *sans murmurer.*» Je le fis, non sans avoir eu le temps de copier les épitaphes qui suivent :

SACRED
TO THE MEMORY OF
LIEUTENANT HENRY BAKHOUSE
OF THE HORSE ARTILLERY
BRITISH AUXILIARY LEGION OF SPAIN
(AND OF THE NAVY OF H – B –MAJESTY)
WHO WAS KILLED IN ACTION
DEFENDING THE LINES IN FRONT OF THIS FORTRESS
ON THE I[st] OCT[r] 1836
HIS BROTHER OFFICERS ERECTED THIS TABLET
TO MARK THE SPOT WHERE HIS REMAINS REPOSE &
IN TESTIMONY OF THEIR OWN AND OF THE GENERAL ESTEEM
WITH WHICH HE WAS REGARDED

A la mémoire du
Lieutenant Henry Backhouse
de l'artillerie à cheval
dans la légion anglaise, auxiliaire d'Espagne
(et de la flotte de S. M. Britannique.)
qui fut tué dans l'action
en défendant les lignes de front de cette forteresse
le 1er octobre 1836.
Les officiers ses compagnons d'armes
ont érigé cette plaque
pour marquer l'endroit où reposent ses restes et
en témoignage de leur propre et générale estime
dans laquelle il était tenu.

Tout à côté est un tombeau en pierre surmonté d'une croix, sur les branches de laquelle sont gravées en grandes capitales les seules initiales

H. G. B.

Rien de plus saisissant que la vue de ce groupe de pierres funéraires, déjà dégradées par le temps, abandonnées sur ce rocher au bord de l'Atlantique. La vague bat constamment le pied de ce gigantesque tombeau comme pour apporter à la mémoire des braves qui dorment là leur dernier sommeil, un écho de la patrie loin de laquelle ils sont tombés.

Quatre-vingts ans ont passé et voici encore la tombe d'un officier anglais tué lors de la prise de Saint-Sébastien par les Français, en 1808.

Plus loin, une plaque scellée au rocher, rappelle le souvenir de quatre autres Anglais tués cinq ans plus tard, quand l'armée anglo-espagnole voulut reprendre la ville encore en notre pouvoir. Sur cette plaque on lit :

SACRED
TO THE MEMORY
OF
Lt COLONEL SIR RICHARD FLETCHERHAT
CAPTAIN C. RHODES
CAPTAIN G. COLLIER
LIEUT[t] L. MACHELL
CORPS OF ROYAL ENGINEERS
WHO FELL AT THE SIEGE OF
SAN SEBASTIAN
AUGUST 31 1813.

A la mémoire
du
Lieut.-colonel sir Richard Fletcherhart,
Du capitaine C. Rhodes,
Du capitaine G. Collier,
Du lieutenant L. Machell,
Du corps des ingénieurs royaux,
qui furent tués au siège de
Saint-Sébastien,
le 31 août 1813.

Ce même jour, dans les rangs opposés, un sous-lieutenant au 22e régiment de ligne français, ayant encore son bras en écharpe des suites d'un coup de feu reçu le 17 juillet, dans la tranchée, soutenait, à la tête de sa compagnie, l'assaut dirigé contre la citadelle par l'armée alliée; atteint par un éclat d'obus, il fut fortement contusionné. Plus heureux que les officiers anglais dont je viens de lire les noms, il ne quitta point la brèche, et malgré la gravité de sa seconde blessure il continua son service actif jusqu'au 9 septembre 1813 jour de la reddition du fort. En récompense de sa belle conduite, le général Rey, gouverneur de la place de Saint-Sébastien, le proposait pour le grade de lieutenant et pour la croix de la Légion d'honneur; il se nommait Delorme (Féréol); c'était mon grand oncle. Pardonnez-moi ce souvenir.

Il n'y a pas que les champs de bataille, Dieu merci ! pour susciter des héros. Après avoir quitté le mont Orgullo, je fis, encore tout pensif, le tour du port et, à l'extrémité de la jetée, je me trouvai devant un petit monument, digne d'une mention spéciale; il porte le buste d'un pêcheur qui joua mille fois sa vie pour sauver du naufrage des malheureux en détresse et qui enfin la perdit en un jour de tempête. Ses camarades, ses amis, des pêcheurs comme lui, de simples ouvriers du port, ont ouvert entre eux une souscription pour perpétuer le souvenir de cet humble héros. Dans son incarnation de pierre, sous le béret national, il semble ainsi vouloir défier éternellement son terrible adversaire, l'Océan, qui, en le terrassant, lui a valu l'immortalité.

Emmanuel DELORME

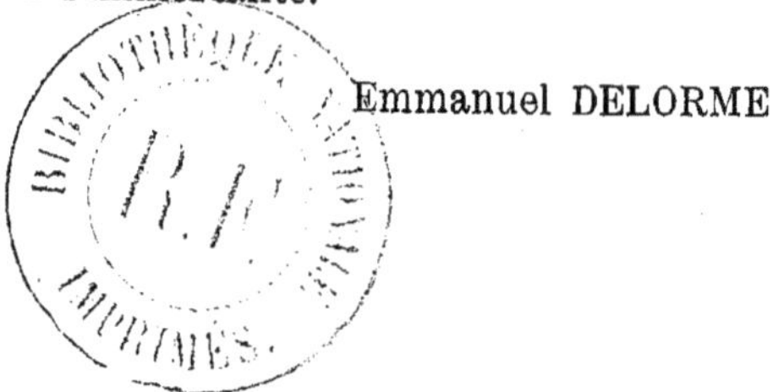

Toulouse — Imprimerie F. TARDIEU, rue des Gestes, 6

www.ingramcontent.com/pod-product-compliance
Lightning Source LLC
LaVergne TN
LVHW052040160826
845678LV00003B/1455

9782329619026